BOEKANALYSE

Mevrouw Dalloway

· · · · · · · · · · · · · · ·

VIRGINIA WOOLF

BOEKANALYSE

Geschreven door Mélanie Kuta
Vertaald door Nikki Claes

Mevrouw Dalloway

VIRGINIA WOOLF

MUST
READ

VIRGINIA WOOLF

ENGELSE SCHRIJFSTER EN FEMINISTE

- **Geboren in Londen in 1882**
- **Overleden in Sussex in 1941**
- **Opmerkelijke werken:**
  - *Nacht en dag* (1919), roman
  - *To the Lighthouse* (1927), roman
  - *The Waves* (1931), roman

De in 1882 in Londen geboren Engelse schrijfster Virginia Woolf was de auteur van vele essays, korte verhalen en romans. Zij schreef onder meer *To the Lighthouse* (1927), *Orlando* (1928) en *A Room of One's Own* (1929). Als echte pijler van de modernistische literatuur en een bepalende figuur van de Engelse literatuur van het interbellum probeerde zij in haar werken de gewelddadige en onsamenhangende realiteit van het Engeland van haar tijd weer te geven.

Samen met haar man Leonard richtte ze in 1917 Hogarth Press op, een uitgeverij die Virginia's werk publiceerde, evenals dat van Sigmund Freud, Katherine Mansfield en T.S. Eliot. Lijdend aan een bipolaire stoornis, zonk Virginia in waanzin na de dood van haar moeder en pleegde zelfmoord door zichzelf te verdrinken in 1941.

MEVROUW DALLOWAY

EEN WAAR PORTRET VAN DE LONDENSE METROPOOL

- **Genre:** roman
- **Referentie-uitgave:** Woolf, V. (2014) *Mrs Dalloway*. Sydney: Waxkeep Publishing. (Kindle Edition).
- **Eerste uitgave:** 1925
- **Thema's:** interbellum, Londen, dood, liefde, waanzin, nostalgie

Gepubliceerd in 1925, werd *Mevrouw Dalloway* toegejuicht door het lezerspubliek en de critici, die vonden dat Virginia Woolf met deze roman haar ware stijl had gevonden.

Het verhaal speelt zich af in Londen tijdens het interbellum en speelt zich af in de loop van één dag. De stad Londen is even belangrijk in de roman als de vele personages die er rondlopen. Twee verhaallijnen lopen door elkaar heen: die van Clarissa Dalloway, een burgerlijke huisvrouw, en die van Septimus Warren Smith, een veteraan uit de Eerste Wereldoorlog.

SAMENVATTING

De roman is niet verdeeld in hoofdstukken. In deze analyse zullen we hem echter in twaalf delen verdelen om het samenvatten te vergemakkelijken.

DE BLOEMEN (P. 17-29)

Op een woensdag in juni 1923 gaat Clarissa Dalloway in het centrum van Londen bloemen kopen voor de receptie die ze diezelfde avond bij haar thuis organiseert. De stad is erg druk en Clarissa voelt zich gelukkig dat ze leeft; heden en verleden vermengen zich. Clarissa herinnert zich de zomer toen ze 18 was, die ze doorbracht in Bourton, in Gloucestershire, en haar vriend Peter Walsh, die haar ten huwelijk had gevraagd. Ze had geweigerd en voelt nu nog levendig Peters kritiek op haar levensstijl. Ze ontmoet haar oude vriend, Hugh Whitbread, en praat met hem over de gezondheid van zijn vrouw Evelyn. Clarissa denkt na over haar toestand, haar uiterlijk en de manier waarop anderen haar zien. Ze denkt ook aan haar dochter, die een vreemde relatie heeft met Miss Kilman, haar geschiedenislerares, die Clarissa niet mag.

SEPTIMUS (P. 29-45)

Ondertussen wandelt Septimus Warren Smith, een veteraan uit de Eerste Wereldoorlog (1914-1918) die lijdt aan een posttraumatische stoornis, met zijn vrouw Rezia in St. Regent's Park. Rezia schaamt zich voor Septimus, die gedreigd heeft zelfmoord te plegen. Ze probeert haar man te begrijpen, die met zijn vriend Evans praat, ondanks het feit dat deze dood is. Rezia loopt weg; ze voelt zich eenzaam en verdrietig. Ze is ook boos, want volgens dokter Holmes is Septimus niet echt ziek.

THUIS (P. 45-57)

Clarissa komt thuis en is overstuur als ze hoort dat Richard, haar man, gaat lunchen met Lady Burton en dat zij niet is uitgenodigd. Ze gaat naar haar kamer om zich op te frissen. Ze denkt na over de onvermijdelijkheid van de dood en haar seksuele aantrekkingskracht op vrouwen, met name op haar jeugdvriendin Sally Seton. Opnieuw herinnert Clarissa zich die zomer in Bourton en het excentrieke en rebelse gedrag van Sally, met wie ze een kus had gedeeld. In het huis is iedereen druk bezig met de voorbereidingen voor het feest.

HET BEZOEK VAN PETRUS (P. 57-65)

De deurbel gaat en Peter Walsh, die terug is uit India, verschijnt. Hij is in de stad om de scheiding van Daisy, zijn verloofde te regelen. Hij praat met Clarissa en doet haar levensstijl af als zinloos. Ze halen oude herinneringen op en Peter barst in tranen uit. Terwijl Clarissa hem kust om hem te troosten, komt Elizabeth de kamer binnen. Peter vertrekt, maar Clarissa haalt hem in en nodigt hem uit voor de receptie.

ST. REGENT'S PARK (P. 65-103)

Peter verwijt zichzelf zijn zwakheid tegenover Clarissa. Hij observeert Londen, gezeten in St. Regent's Park. Hij herinnert zich die zomer in Bourton en de avond dat hij Clarissa ten huwelijk vroeg. Hij denkt aan Sally Seton, Hugh Whitbread, die hij haat, en Richard Dalloway, die hij saai vindt. Hij wordt voortdurend herinnerd aan zijn gesprek met Clarissa en probeert zichzelf ervan te overtuigen dat hij niet meer verliefd op haar is.

DE ARTSEN (P. 103-122)

Septimus en Rezia gaan naar huis. We leren dat Septimus voor de oorlog een dichter was. Rezia belt dokter Holmes, omdat ze zich zorgen maakt over haar man. Holmes vindt dat Septimus nergens last van heeft en dat hij een hobby moet zoeken. De dokter komt verschillende keren; Septimus ziet hem als de belichaming van de menselijke natuur die hem ter dood veroordeelt, omdat hij niet in staat is tot enig gevoel. Holmes adviseert een specialist te raadplegen, Sir William Bradshaw. Rezia en Septimus gaan naar Bradshaw's kantoor en Sir William geeft zijn diagnose: Septimus lijdt aan een zware depressie en moet in een ziekenhuis rusten om "te rusten, te rusten, te rusten".

LADY BRUTON (P. 122-135)

Lady Bruton ontvangt Richard Dalloway en Hugh Whitbread voor een voortreffelijke lunch. Ze praten over Clarissa en Peter. Richard besluit zijn vrouw bij thuiskomst zijn liefde te verklaren. Lady Bruton heeft de twee mannen uitgenodigd omdat ze hulp nodig heeft bij het schrijven van een brief aan The Times over de immigratie van Engelse families naar Canada. Ze is blij met de brief die Hugh heeft geschreven.

RICHARD EN CLARISSA (P. 135-143)

Richard koopt bloemen voor zijn vrouw en gaat naar huis. Hij slaagt er niet in Clarissa te vertellen dat hij van haar houdt en laat haar rusten.

ELIZABETH (P. 143-160)

Elizabeth komt Clarissa's kamer binnen om haar te vertellen dat ze gaat winkelen. Doris Kilman, die bij de deur blijft staan, denkt na over haar eigen miserabele toestand. Ze benijdt en haat mevrouw Dalloway. Clarissa gelooft dat Miss Kilman haar dochter van haar heeft gestolen. In een winkel praten Miss Kilman en Elizabeth met elkaar terwijl ze thee drinken. Doris brengt haar tijd door met klagen, waardoor Elizabeth weggaat. Ze gaat met de bus naar huis en denkt na over haar toekomst.

ZELFMOORD (P. 160-172)

In hun appartement praten Rezia en Septimus over de hoed die Rezia aan het maken is. Voor het eerst sinds lange tijd praten en lachen ze samen. Septimus voelt zich goed en valt in slaap. Als hij wakker wordt, schrikt hij van de komst van Dr. Holmes en besluit zelfmoord te plegen door zich uit het raam te gooien. Dr. Holmes noemt hem een lafaard en geeft Rezia een gesuikerde drank, die in slaap valt.

IN HET HOTEL (P. 172-187)

Peter kijkt naar de ambulance die Septimus komt halen. Hij gaat naar zijn hotel, terwijl hij aan Clarissa denkt. Daar ontvangt hij een brief van Clarissa waarin staat dat "Hoe hemels het was om hem te zien". Hij besluit naar Clarissa's feestje te gaan.

HET FEEST (BLZ. 187-218)

De gasten arriveren massaal op het feest. Clarissa verwelkomt ieder van hen persoonlijk. Peter arriveert en bekritiseert haar gebrek aan oprechtheid. Sally Seton, nu Lady Rosseter, arriveert onverwacht. Clarissa is blij haar te zien. Opnieuw vermengen de huidige tijd en herinneringen uit het verleden zich. Het feest is een groot succes. Clarissa hoort van Septimus' zelfmoord via Lady Bradshaw. Ze blijft even weg van de andere mensen, om na te denken over de dood, en mengt zich dan weer met haar gasten. Op het moment dat ze de kamer binnenkomt, wordt Peter gegrepen door schrik en vervoering.

KARAKTERSTUDIE

CLARISSA DALLOWAY

De hoofdpersoon van de roman, Clarissa Dalloway, is een 52-jarige huisvrouw uit de hogere kringen en is getrouwd met Richard Dalloway. Ze is onlangs genezen van een lange ziekte. De lezer volgt haar terwijl ze de laatste voorbereidingen treft voor het feest dat ze die avond geeft. Hoewel haar levensstijl nogal oppervlakkig is, is ze een gulle vrouw die zorgt voor de mensen om haar heen en oprecht in hen geïnteresseerd is. Ze denkt veel na over de zin van leven en dood, en maakt zich zorgen over hoe de rest van de wereld haar ziet. Ze vindt het moeilijk haar plaats in de maatschappij te vinden. Gedurende de hele roman probeert ze de juiste balans te vinden tussen haar privé- en openbare leven. Ze praat veel, waardoor veel mensen haar futloos vinden, maar zo verbergt ze haar diepste gevoelens. Ze denkt voortdurend na over haar verleden en het leven dat ze zou leiden als ze andere keuzes had gemaakt. Ze trouwde met Richard omdat hij haar comfort en financiële zekerheid bood, in plaats van een gepassioneerde relatie aan te gaan met Peter Walsh of Sally Seton.

RICHARD DALLOWAY

Richard Dalloway, lid van de regering, is getrouwd met Clarissa. Hij is een goede en rustige man, maar weet niet hoe hij met zijn vrouw moet omgaan.

ELIZABETH DALLOWAY

Elizabeth, de dochter van Clarissa en Richard, is een mooie, rustige en gehoorzame jonge vrouw. In tegenstelling tot haar moeder is ze niet geïnteresseerd in feestjes en sociale finesses; ze geeft de voorkeur aan het platteland en haar honden. Ze brengt veel tijd door met bidden met Miss Kilman, die ze erg aardig vindt.

SEPTIMUS WARREN SMITH

Septimus, een veteraan uit de Eerste Wereldoorlog en getrouwd met Lucrezia, lijdt aan een posttraumatische stoornis. Hij lijdt aan hallucinaties en voelt zich schuldig, omdat hij niets kan voelen. Voor de oorlog was hij een dichter, een idealist en vol hoop. Hij lijkt veel op Clarissa en vindt het moeilijk om met de mensen om hem heen om te gaan. Hoewel zijn lichaam zich nog in de fysieke wereld bevindt, leeft Septimus in een innerlijke wereld. Hij haat de maatschappij waarin hij leeft en besluit liever zelfmoord te plegen dan er deel van uit te maken. Dit tragische gebaar stelt Clarissa in staat het leven dat zij gekozen heeft te accepteren.

LUCREZIA WARREN SMITH

Lucrezia Warren Smith, ook wel Rezia genoemd, is Septimus' vrouw. Ze komt oorspronkelijk uit Italië en maakt hoeden. Ze is verdeeld tussen de liefde die ze nog steeds voor Septimus voelt, en de last die hij geworden is. Altijd bezorgd om hem, voelt ze zich erg eenzaam.

PETER WALSH

Peter, een jeugdvriend van Clarissa, woont in India en is een paar dagen in Londen om een echtscheiding te regelen. Clarissa had zijn aanzoek vele jaren eerder afgewezen. Peter probeert de gevoelens die hij nog steeds voor haar heeft te begraven. Hij is erg kritisch op zichzelf en op anderen. Hij is onvolwassen en besluiteloos, mist zekerheid en zit niet lekker in zijn vel, wat zijn relatie met de buitenwereld bemoeilijkt.

SALLY SETON

Sally Seton, een jeugdvriendin van Clarissa, was vroeger een rebels en provocerend jong meisje. Als adolescent voelde Clarissa zich erg tot haar aangetrokken en samen wilden ze de wereld opnieuw opbouwen. Op het moment dat het verhaal zich afspeelt, heet ze Lady Rosseter en heeft ze vijf zonen. Ze verschijnt pas fysiek aan het eind van de roman. Daarvoor verschijnt ze alleen in Clarissa's herinneringen.

HUGH WHITBREAD

Hij is een oude vriend van Clarissa en getrouwd met Evelyn Whitbread. Hij is een elegante en vriendelijke man, maar ook een pompeuze en oppervlakkige veelvraat.

MISS DORIS KILMAN

Elizabeth's geschiedenislerares, onlangs bekeerd tot het christendom, heeft een schandelijk figuur en draagt altijd een oude mackintosh, omdat ze zich niet kleedt om anderen te behagen. Ze is arm, verbitterd en haat Clarissa Dalloway en het type vrouw dat zij vertegenwoordigt. Ze waardeert Elizabeth enorm en voelt zich tot haar aangetrokken.

DR HOLMES

Septimus' huisarts, denkt dat deze laatste niet echt ziek is. Hij zegt dat hij een lafaard is en adviseert hem een hobby te zoeken.

SIR WILLIAM BRADSHAW

Rezia en Septimus gaan op advies van Dr. Homes deze gerenommeerde psychiater raadplegen. Sir William Bradshaw voelt zich graag superieur en geneest zijn patiënten door intimidatie. Volgens hem lijden krankzinnigen eenvoudigweg aan een gebrek aan maat en moeten zij behandeld worden om zich aan te passen aan de maatschappij waarin zij leven.

LADY MILLICENT BRUTON

Lady Millicent, lid van de high society en een afstammeling van generaal Sir Talbot Moore, waardeert Richard zeer, maar voelt minachting voor Clarissa. Ze probeert de immigratie van Engelse families naar Canada te bevorderen.

ANALYSE

BRITSE SAMENLEVING

Reeds in de 19th eeuw en meer bepaald vanaf de 20th eeuw waren er grote veranderingen merkbaar in de Europese samenleving. Onder meer door het industrialisatieproces was een nieuwe sociale klasse ontstaan, die van de bourgeoisie, die de aristocratie bedreigde.

In *Mevrouw Dalloway* toont Virginia Woolf de Britse samenleving in volle ontwikkeling na de Eerste Wereldoorlog. In die tijd werden de politieke en sociale veranderingen tastbaarder en begonnen de koloniën (vooral India) zich te verzetten tegen het Britse Rijk.

- In de 19th eeuw was het Britse Rijk het grootste rijk ter wereld en bezat het talrijke koloniën in India en Zuid-Afrika. Na de oorlog ging het een periode van verval tegemoet. Het gevoel van mislukking van het rijk is zeer aanwezig in de roman en weerspiegelt de persoonlijke mislukkingen van elk personage: "Hij was van Oxford gestuurd – waar. Hij was een socialist geweest, in zekere zin een mislukking – waar."

- Tijdens deze overgangsperiode begonnen veel mensen te twijfelen aan de waarden van de Britse samenleving en aan de instellingen waarvoor ze hadden gevochten. Dit is met name het geval met Septimus Warren Smith, die suïcidaal is geworden door de oorlog, die hem vernietigde en hem voor altijd de menselijke natuur deed haten: "For the truth is (let her ignore it) that human beings have neither kindness, nor faith, nor charity beyond what serves to increase the pleasure of the moment. Ze jagen in groepen [...] Ze verlaten de gevallenen."

- Aan de andere kant hielden veel Britse burgers nog steeds vast aan het idee van een machtig Groot-Brittannië en probeerden zij vast te houden aan de traditionele instellingen. Dit waren de aristocraten, begunstigd door de maatschappij, zoals Sir Bradshaw, Hugh Whitbread, Lady Bruton, maar ook Peter Walsh.

> *"Prachtige prestatie op zijn eigen manier, tenslotte, Londen; het seizoen; beschaving. Afkomstig uit een respectabele Anglo-Indische familie die minstens drie generaties lang de zaken van een continent had beheerd [....] waren er momenten waarop beschaving, zelfs van dit soort, hem dierbaar leek als een persoonlijk bezit; momenten van trots op Engeland."*

> *"Jongens in uniform, geweren dragend, marcheerden met hun ogen vooruit, hun armen stijf, en op hun gezichten een uitdrukking als de letters van een legende geschreven rond de voet van een standbeeld die plicht, dankbaarheid, trouw, liefde voor Engeland prijst [...] het verkeer respecteerde het; busjes stopten."*

De conservatieve partij, die toen aan de macht was, ging ook achteruit en de ideeën van de Labourpartij wonnen steeds meer mensen voor zich. Deze politieke kwesties zijn zeer aanwezig in de roman.

Uiteindelijk eisten de vrouwen, die de mannen die naar het front waren gegaan moesten vervangen, gelijke rechten. In *Mevrouw Dalloway is* Clarissa in de ogen van de anderen een frivole en burgerlijke huisvrouw. Ze vecht echter om gerespecteerd te worden en om haar plaats als individu in de maatschappij te vinden: "Ze had het vreemdste gevoel onzichtbaar te zijn; ongezien, onbekend [...] dit is Mrs. Dalloway; zelfs

Clarissa niet meer; dit is Mrs. Richard Dalloway." Bovendien illustreert het karakter van Elizabeth ook de veranderingen in de maatschappelijke positie van vrouwen, want de jonge vrouw denkt na over haar toekomst en de baan die ze zal kiezen, terwijl haar moeder zich deze vragen niet eens kon stellen: "Zij hield van mensen die ziek waren. En elk beroep staat open voor jonge vrouwen van jouw generatie, zei Miss Kilman. Dus ze zou dokter kunnen worden". Ook Peter merkt deze verandering in het uiterlijk van vrouwen op: "Elke vrouw, zelfs de meest respectabele, heeft rozen bloeien onder glas; lippen gesneden met een mes; krullen van Indische inkt; er was ontwerp, kunst, overal; een verandering van een soort had ongetwijfeld plaatsgevonden."

DOOD

Het onderwerp dood staat centraal in Mevrouw Dalloway. Het wordt verschillende keren genoemd door Clarissa, Peter en Septimus.

- Vanaf het begin van de roman denkt Clarissa na over de dood en de onvermijdelijkheid ervan. Volgens haar is de dood iets natuurlijks:

> *"Maakte het dan uit, vroeg ze zich af, terwijl ze naar Bond Street liep, maakte het uit dat ze onvermijdelijk helemaal moest ophouden; dit alles moest doorgaan zonder haar; nam ze er aanstoot aan; of werd het niet troostrijk om te geloven dat de dood absoluut eindigde?"*

Verderop citeert ze de regels van Shakespeare (Engels toneelschrijver, 1564-1616): "Vrees niet meer de hitte van de zon, noch de woede van de winter". Deze samenvatting uit Cymbeline viert de dood, die moet worden gezien als een troost na het leven.

- Petrus is erg bang voor de dood, omdat hij geen vertrouwen heeft, zichzelf niet echt vertrouwt en het gevoel heeft dat hij niets heeft bereikt, dat zijn leven een mislukking is:

> *"Hij dacht: Ze is ziek geweest, en de gedachte drukte kwijning en lijden uit. Het was haar hart, herinnerde hij zich, en de plotselinge luidheid van de laatste slag luidde de dood in die verraste in het midden van het leven, Clarissa viel waar ze stond, in haar salon. Nee! Nee! riep hij. Ze is niet dood! Ik ben niet oud, riep hij en liep Whitehall op, alsof daar voor hem, krachtig, oneindig, zijn toekomst rolde."*

- Septimus besluit de dood onder ogen te zien. Het is zijn zelfmoord die hem in staat zal stellen zich te verzoenen met de wetenschap van zijn eigen sterfelijkheid. Sinds zijn terugkeer uit de oorlog voelt Septimus zich leeg en weet hij niet hoe hij zich moet gedragen tegenover zijn medemensen. Zijn lichaam is nog steeds onder de sterfelijke mensen, maar zijn geest is al ergens anders. Hij denkt ook aan regels uit *Cymbeline*: "Vrees niet meer, zegt het hart. Vrees niet meer, zegt het hart in het lichaam; vrees niet meer. Hij was niet bang".

Voordat hij zelfmoord pleegt, bekent Septimus dat hij van het leven houdt, maar omdat hij de aanwezigheid van mensen en hun natuur niet kan verdragen, moet hij wel zelfmoord plegen. Het zijn mensen als Dr. Holmes en Sir Bradshaw die hem over de rand duwen: "Het was hun idee van tragedie, niet dat van hem of Rezia (want zij was bij hem). Holmes en Bradshaw houden van dat soort dingen. (Maar hij zou wachten tot het allerlaatste moment. Hij wilde niet sterven. Het leven was goed. De zon heet. Alleen mensen –

INNERLIJKE MONOLOOG

Vanaf het begin van haar carrière als schrijfster vond Virginia Woolf dat de realistische Victoriaanse roman (tweede helft van de 19th eeuw), die een lineaire vorm en zeer specifieke plots had de realiteit van deze wereld niet kon weergeven. Zij wilde het hebben over mensen, hun gevoelens, hun keuzes, hun karakters, en niet alleen over hun positie in de maatschappij en de manier waarop zij hun leven leidden volgens sociale dictaten. Ze ging toen op zoek naar een nieuwe vorm van schrijven die de realiteit van het naoorlogse Engeland kon laten zien. Volgens critici was het met *Mevrouw Dalloway* dat Virginia Woolf deze nieuwe stem vond.

Het grootste deel van de roman is geschreven in vrij indirect discours: deze stijl klinkt heel natuurlijk, omdat direct discours (dialoog) niet wordt ingeleid met streepjes en dus niet wordt onderscheiden van indirect discours. De stem van de verteller en die van het personage zijn met elkaar verweven en hun perspectieven zijn gemengd, wat de tekst een grotere vlotheid geeft. Hierdoor kunnen de barrières tussen wat de personages daadwerkelijk zeggen en hun persoonlijke, innerlijke gedachten opzij worden gezet. Zo stelt Virginia Woolf de lezer in staat de personages beter te leren kennen.

Deze literaire techniek wordt de "stream of consciousness" of de "innerlijke monoloog" genoemd. De verteller doet verslag van de gedachten van de personages en vermengt die soms met de vertelling en de dialoog, waardoor het een soms moeilijk te begrijpen geheel wordt. De interpunctie en zinsbouw zijn vaak ongebruikelijk. Gedachten worden soms tussen haakjes uitgedrukt: "Maar hijzelf bleef hoog op zijn rots zitten, als een verdronken zeeman op een rots. Ik leunde over de rand van de boot en viel naar beneden, dacht hij. Ik ging onder zee. Ik ben dood geweest, en toch leef ik nu, maar laat me toch rusten, smeekte hij (hij praatte weer tegen zichzelf – het was vreselijk, vreselijk!"; "Ze gingen door met leven (ze zou terug moeten; de kamers waren nog vol; de mensen bleven komen)".

VERDERE REFLECTIE

ENKELE VRAGEN OM OVER NA TE DENKEN...

- Tijdens het schrijven van *Mevrouw Dalloway* las Virginia Woolf romans van Marcel Proust (Franse schrijver, 1871-1922) en James Joyce (Ierse schrijver, 1882-1941). Zijn er overeenkomsten tussen de schrijftechnieken van deze auteurs?

- Zoek de verschillende plaatsen en monumenten van Londen die in de roman worden genoemd en probeer een geografische kaart te maken van de buurt waarin Mrs. Dalloway woont.

- Aan het eind van de roman vermeldt Clarissa Dalloway dat "ze ooit een shilling in de Serpentine had gegooid, maar nooit meer iets". Welk verband kan worden gelegd tussen deze woorden en de biografie van Virginia Woolf?

- De oorspronkelijke titel van *Mevrouw Dalloway* was *The Hours*. Hoewel de titel veranderde, hoe wordt het belang van het begrip tijd, dat de auteur dierbaar was, in de roman uitgedrukt?

- Veel critici zeggen dat er nooit iets gebeurt in Virginia Woolf's romans. Wat is uw mening?

- Wat voor soort relatie hebben Elizabeth Dalloway en Doris Kilman? Wat is de reactie van Richard en Clarissa daarop?

- Welke rol speelde Sally Seton tijdens Clarissa's adolescentie? Hoe verklaar je de houding van Clarissa als ze Sally voor het eerst in jaren weer ziet?

- "Ze voelde zich op de een of andere manier erg als hem – de jongeman die zichzelf had gedood. Ze voelde zich blij dat hij het gedaan had; het weggooien […] hij liet haar schoonheid voelen; liet haar het plezier voelen." Net als Septimus denkt Clarissa vaak na over de dood en de menselijke conditie. Aan het eind van de roman blijft ze echter volledig in leven. Wat maakt haar anders dan Septimus? Waarom kiest ze voor het leven?

- De geestesziekte van Virginia Woolf komt tot uiting in het karakter van Septimus en in de manier waarop zij Dr. Holmes en Sir William Bradshaw beschrijft, bespeurt men een kritiek op de artsen van die tijd en de manier waarop geestesziekten werden benaderd. Geef hier commentaar op.

- Hoe weerspiegelt de aanwezigheid van de premier op Clarissa's feestje de neergang van de Britse conservatieve regering?

VERDER LEZEN

REFERENTIE-UITGAVE

Woolf, V. (2014) *Mrs Dalloway*. Sydney: Waxkeep Publishing. (Kindle Edition).

REFERENTIESTUDIES

Raphael L. S. (2001) Gewoon en buitengewoon in *Mrs. Dalloway. Narratief scepticisme: Moral Agency and Representation of Consciousness in Fiction*. Londen: Associated University Presses. pp. 126-167.

SparkNotes redactie (2004) SparkNotes over *Mrs Dalloway. SparkNotes* LLC. [Online]. Beschikbaar vanaf: <http://www.sparknotes.com/lit/dalloway>

AANPASSINGEN

Cunningham, M. (1998) *The Hours*. New York: Farrar, Straus en Giroux.

Mrs Dalloway. (1997) [Film]. Marleen Gorris. Dir. UK: First Look International.

The Hours. (2002) [Film]. Stephen Daldry. Dir. USA: Paramount Pictures.

*We horen graag van jou! Laat
een reactie achter op jouw online bibliotheek
en deel je favoriete boeken op social media!*

De uitgever garandeert de betrouwbaarheid van de gepubliceerde informatie, die echter niet onder zijn verantwoordelijkheid valt.

www.50minutes.com

Master ISBN: 9782808689014
Papier ISBN: 9782808610414
Wettelijk depot: D/2023/12603/1321

Omslag: © Primento

Digitaal ontwerp: Primento, de digitale partner van uitgevers.